Tres dictadores del siglo XX

escrito por India Ruby
adaptado por Mónica Villa

Tabla de contenido

Introducción 2
Capítulo 1 Adolfo Hitler 6
Capítulo 2 Benito Mussolini 14
Capítulo 3 José Stalin 22
Conclusión 30
Glosario 31
Índice 32

Introducción

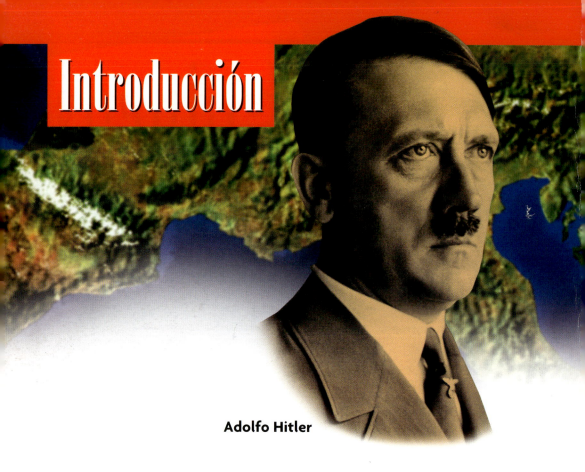

Adolfo Hitler

Es el año 1935 y un hombre llamado Adolfo Hitler gobierna Alemania. Este hombre ha hecho que desaparezcan todos los partidos políticos excepto el suyo. Se ha otorgado a sí mismo el poder de cambiar y hacer nuevas leyes. Lo que es peor, es una persona violenta y con mucho odio; algunos dicen que está loco. Está haciendo leyes para asesinar a millones de personas inocentes. ¿Por qué nadie lo detiene? ¿Cómo es que puede hacer esto? Lo puede hacer porque es un dictador.

Un dictador es un gobernante que tiene **poder absoluto** sobre un país. Los dictadores hacen leyes y toman decisiones importantes sin la aprobación de otras personas. Casi siempre son temidos y odiados por las personas a las que gobiernan y también por las personas de otros países.

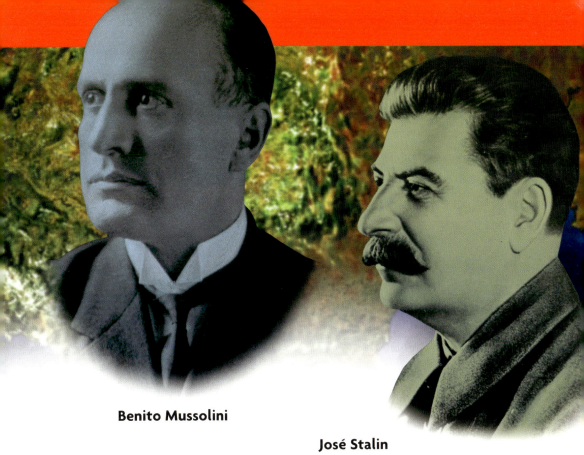

Benito Mussolini

José Stalin

Adolfo Hitler fue uno de los dictadores más crueles y más temidos de toda la historia. Despreciaba al pueblo judío y su plan era hacerlo desaparecer de la cara de Europa. Millones de judíos y otras personas sufrieron y murieron debido al odio de Hitler. Mientras tanto, invadía un país tras otro con el objetivo de gobernar toda Europa. Su anhelo por el poder provocó el comienzo de la Segunda Guerra Mundial.

Hitler no fue el único dictador del siglo XX. Benito Mussolini de Italia tenía el sueño de conquistar otros países. Se unió a Hitler en su cometido de apropiarse de Europa. José Stalin, de la Unión Soviética, fue otro dirigente violento y sediento de poder que sembró la muerte e hizo de la destrucción la misión de su vida.

En esta tarjeta postal, un ciudadano soviético feliz muestra su apoyo a Stalin. Este es un ejemplo de propaganda.

¿Cómo llegan al poder dictadores como Hitler, Mussolini y Stalin? Muchos usan la violencia para conseguir y mantener el poder. Les quitan a las personas sus derechos y libertades, incluyendo la libertad de expresión y de prensa. Muchos dictadores declaran ilegales las elecciones.

¿Qué sucede con aquellos que no están de acuerdo con los métodos del dictador? Acaban en la prisión o muertos.

Algunos dictadores llegan al poder en épocas de crisis. Cuando las guerras o la pobreza debilitan al país, la gente está hambrienta, cansada y asustada. Es justo en ese momento cuando muchos futuros dictadores comienzan su ascenso al poder. Les hacen promesas a las personas, les dicen lo que quieren escuchar. Para influir en las personas, usan la **propaganda** como forma de comunicación. La propaganda es información diseñada para promover una causa o creencia determinada. Muchas veces, la información es engañosa. Las personas, desesperadas por un líder poderoso que resuelva todos sus problemas, creen en lo que dice la propaganda. Dejan que el dictador tome el poder.

INTRODUCCIÓN

Este libro habla de los años de juventud de Hitler, Mussolini y Stalin. Leeremos acerca de las personas y los sucesos que los influenciaron. Descubriremos cómo llegaron al poder y cómo fue la vida de las personas a las que gobernaron. En la lectura, observaremos los métodos que Hitler, Mussolini y Stalin usaron para apoderarse del poder y mantenerlo.

↓ Hitler (izquierda) y Mussolini en un desfile en Roma, Italia

CAPÍTULO 1

Adolfo Hitler

Era el 30 de enero de 1933 y casi toda Alemania celebraba. En las calles se reunían multitudes para aclamar a su nuevo canciller, o líder. Su nombre era Adolfo Hitler. En doce años, el mundo sabría lo equivocado que estuvo el pueblo alemán al confiar en Adolfo Hitler.

Nació el 20 de abril de 1889 en una pequeña ciudad de Austria. Hitler fue un estudiante deficiente y su padre, que tenía mal carácter, se sintió decepcionado por los fracasos de su hijo. Se dice que incluso lo golpeaba.

A los 16 años, Hitler abandonó la escuela secundaria. Le gustaba pintar y quería ser artista. En dos ocasiones intentó entrar a la Academia de Bellas Artes de Viena, Austria, pero no pudo pasar los exámenes de admisión.

El joven Hitler vivió y pintó en Viena los años siguientes. Vendió algunos cuadros a cambio de poco dinero a cafés o en la calle.

una pintura de Adolfo Hitler →

Nadie sabe con certeza la razón por la que Hitler odiaba el pueblo judío o cuándo comenzó su odio. Pero fue durante sus años en Viena que las creencias políticas de Hitler comenzaron a tomar forma. Leyó libros que lo llevaron a desarrollar un profundo odio por el pueblo judío. Él creía que los alemanes eran mejores que cualquier otro pueblo.

Hitler era un joven lleno de furia y con serios problemas. Tenía grandes ideas que no tenían nada que ver con la realidad. Una vez, compró un boleto de lotería y estaba tan seguro de que ganaría que eligió un costoso departamento para vivir. Cuando no ganó, se puso furioso. Acusó a los funcionarios de la lotería y al gobierno de engañar a las personas honestas y robarles su dinero.

Adolfo Hitler

CAPÍTULO 1

En 1914, estalló la Primera Guerra Mundial. Los alemanes se enfrentaron a Gran Bretaña, Rusia y los Estados Unidos. Hitler participó como mensajero en el ejército alemán y ganó medallas por su valentía.

Alemania perdió la guerra en 1919. El país se vio obligado a entregar sus armas y parte de su territorio. Alemania tuvo que pagar $30 mil millones por daños causados durante la guerra.

Como muchos otros alemanes, Hitler se escandalizó y se molestó por estas condiciones. Pero él creía que podía rescatar a Alemania de la vergüenza de perder la guerra. Hitler se unió al Partido de obreros alemanes. Para 1921, ya era el líder del partido.

Cambió el nombre del partido al Partido nacional socialista de obreros alemanes, o Partido Nazi. Estableció un ejército privado de tropas de ataque llamadas sección de asalto.

Mientras tanto, Alemania enfrentaba serios problemas. Muchos trabajadores estaban en huelga y exigían mejoras laborales. Las pandillas se enfrentaban a los grupos militares alemanes en las calles.

Para 1923, la economía se había colapsado debido a la inflación. Durante una época de inflación, el dinero pierde algo de su valor y se puede comprar menos que antes. El dinero alemán había perdido casi todo su valor. Se necesitaba carretillas llenas de dinero para comprar una libra de papas o una hogaza de pan.

⬇ Estos son algunos de los edificios bombardeados en una ciudad alemana que quedó destruida después de la Primera Guerra Mundial.

ADOLFO HITLER

Hitler, como líder del Partido Nazi, se aprovechó de estos problemas. Tenía talento para hablar en público y pronunciaba discursos llenos de furia con su poderosa voz. Hitler prometió en sus discursos que haría de los alemanes personas ricas y felices. También trató de convencer a los alemanes de que los judíos eran los culpables de los problemas del país. Sus discursos hacían que las multitudes gritaran "¡Heil, Hitler!" que significa "¡Salve, Hitler!"

↓ Funcionarios del gobierno aclaman a Hitler.

CAPÍTULO 1

A fines del año 1923, Hitler vio la oportunidad de apoderarse de una parte de Alemania. Irrumpió en una reunión del gobierno y lanzó un tiro al aire. Hitler llamó a sus partidarios para que lo siguieran, pero la toma fracasó. Como consecuencia de este incidente, estuvo nueve meses en prisión.

En la cárcel, Hitler escribió su autobiografía, *Mein Kampf*, o "Mi lucha". En el libro, describía sus primeros años de vida y opiniones. Hitler decía que los alemanes eran una raza superior. Escribió que los alemanes tenían el derecho de poseer más territorio. Argumentaba que los judíos eran los culpables de los problemas de Alemania. Estas creencias no tenían ninguna base lógica o real. Cuando Hitler salió de prisión, inmediatamente se dedicó a construir su poder y el del Partido Nazi.

FUENTE principal

En *Mein Kampf*, Hitler habla del poder de la propaganda. Escribió: "La gran masa de la nación . . . será más fácilmente víctima de una gran mentira que de una pequeña".

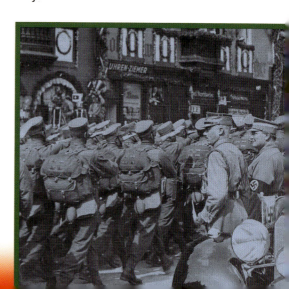

ADOLFO HITLER

En 1929, hubo una **depresión** económica mundial y las condiciones en Alemania empeoraron. En época de depresión, hay pocos trabajos y los salarios son muy bajos. Como la gente tiene poco dinero, los negocios no pueden vender sus productos y servicios. Pierden dinero y tienen que despedir a sus trabajadores o cerrar.

Millones de alemanes perdieron sus trabajos durante esta depresión. El gobierno parecía incapaz de solucionar los problemas del país. Los alemanes comenzaron a poner atención a las ideas extremistas de Hitler. Les agradaba su promesa de que arreglaría las cosas. Día a día aumentaba su popularidad.

En la elección de 1933, el Partido Nazi de Hitler consiguió un puesto en el gobierno. Hitler llegó a ser canciller. Obligó al gobierno a aprobar leyes que le otorgaron un poder total.

Usó las secciones de asalto para aterrorizar a quienes no estuvieran de acuerdo con él. Mató o encarceló a sus opositores políticos.

Hacer conexiones
Piensa en algún momento en tu vida en el que alguien haya tenido control sobre ti. ¿Cómo te sentiste? ¿Qué querías hacer?

← Hitler observa a las secciones de asalto Nazi mientras desfilan.

CAPÍTULO 1

Hitler se había convertido en un dictador con planes maléficos. Ordenó a las fábricas alemanas a producir armas para la guerra. Sus militares usaron estas armas para tomar el poder en Austria y Checoslovaquia en 1938. En 1939, Alemania invadió Polonia. Esta acción dio inicio a la Segunda Guerra Mundial. Para 1940, Alemania había invadido y tomado el poder en gran parte de Europa.

Mientras tanto, Hitler intensificaba su **persecución**, o maltrato, de los judíos. En Alemania, prohibió a los judíos hacer ciertos trabajos. Les quitó la ciudadanía alemana. Confiscó sus negocios. Les obligó a llevar una estrella amarilla para indicar que eran judíos. Los Nazis golpeaban y mataban a los judíos sólo por ser judíos.

Finalmente, Hitler mandó a los judíos a **campos de concentración**, o campos de prisioneros. Allí, grupos de hasta 2,000 personas eran asesinados a la vez en cámaras de gas. Esto formaba parte de la política Nazi llamada "La solución final al problema judío". Esta política exigía que se asesinara a todo judío que viviera bajo el gobierno alemán.

Propaganda Nazi

Joseph Goebbels fue el líder de propaganda del Partido Nazi. Goebbels tenía un control total sobre los medios de comunicación alemanes. Por ejemplo, usaba las películas para promover la idea de que Alemania necesitaba a Hitler y al Partido Nazi.

La vida de Hitler

1889	1914–1918	1919	1921
Nace en Branau, Austria.	Participa en la Primera Guerra Mundial.	Se une al Partido de obreros alemanes.	Se convierte en líder del Partido Nazi.

↑ Prisioneros en un campo de concentración festejan después de ser liberados por el ejército de los Estados Unidos en 1945.

Hitler hizo que más de 11 millones de personas fueran asesinadas en los campos de concentración. Seis millones de ellos eran judíos. Este trágico período de asesinato en masa de judíos y otras personas se llama el **Holocausto**.

La Segunda Guerra Mundial seguía su curso. En abril de 1945, la Unión Soviética capturó Berlín, la capital de Alemania. El resto de los **Aliados**, incluyendo los Estados Unidos y Gran Bretaña, habían conquistado a Alemania desde el occidente. Cuando Alemania cayó, Hitler estaba escondido en un refugio subterráneo. Consciente de que había sido derrotado, se pegó un tiro. Su muerte marcó el final de una de las dictaduras más brutales que el mundo jamás haya conocido.

1924–1925	1933	1939	1945
Escribe *Mein Kampf* en la prisión.	Es nombrado canciller de Alemania.	Invade Polonia, lo que marca el inicio de la Segunda Guerra Mundial.	Se suicida.

CAPÍTULO 2

Benito Mussolini

Benito Mussolini fue un dictador que gobernó Italia. Como Adolfo Hitler, no aceptaba ningún tipo de oposición a su gobierno. Mussolini se unió a Hitler en la Segunda Guerra Mundial. Ambos hombres fueron derrotados y tuvieron muertes violentas al final de la guerra.

Benito Mussolini nació el 29 de julio de 1883, cerca de Predappio, Italia. En 1883, Italia era un país básicamente de agricultores. Aunque se producían algunos bienes, no se podía decir que Italia fuera una nación industrializada. Estaba por detrás de los países industrializados de Europa occidental. En Italia, las personas eran ricas o eran pobres. La mayoría era pobre, incluyendo la familia de Mussolini.

La madre de Mussolini era maestra. Su padre era herrero y un leal defensor del **socialismo**. Bajo el socialismo, el gobierno controla los negocios y las industrias. Las personas del país comparten los bienes y servicios que se producen.

→ la casa en la que nació Mussolini

En Italia, los socialistas fundaron sindicatos de trabajadores para conseguir un mejor salario y condiciones más seguras de trabajo para los obreros. Querían que el gobierno ofreciera programas de bienestar para los más necesitados.

Benito Mussolini

¡ES UN HECHO!

El padre de Mussolini le puso Benito en honor a su héroe, Benito Juárez. Juárez fue un gran líder político y presidente de México en dos ocasiones.

CAPÍTULO 2

De niño, Mussolini era salvaje y rebelde. Les robaba a los agricultores locales y solía pelearse en la escuela. Se convirtió en un ardiente socialista como su padre. El joven Mussolini obtuvo un título de maestro en 1901 y consiguió trabajo dando clases en la escuela primaria. Pero debido a su mal comportamiento, fue despedido después de sólo un año de trabajo.

Mussolini se mudó a Suiza en 1902. En Suiza aprendió más acerca del socialismo. Aunque allí no pudo conseguir un

↑ Mussolini a los 16 años de edad

trabajo permanente, descubrió que tenía talento para hablar en público. Hablaba en contra de la religión y el ejército. Cuando sugirió que los trabajadores suizos deberían hacer huelga, lo corrieron de Suiza. Regresó a Italia.

En 1905 y 1906, Mussolini sirvió en el ejército italiano. Después, trabajó otra vez como maestro pero, nuevamente, lo corrieron. En 1909, se mudó a Austria en donde escribía para un periódico socialista. En Austria se pronunció en contra de la religión y también lo corrieron de ese país.

Un Niño Enojado

Los relatos de la juventud de Mussolini dejan ver que en ocasiones era irascible y hasta violento. En la escuela, encabezó un levantamiento por la mala calidad de la comida. Más tarde, lo corrieron de la escuela por herir a un estudiante con un cuchillo.

Una vez más, Mussolini regresó a Italia. En 1912, se convirtió en editor del periódico del Partido Socialista de Italia. Luego, en 1914, fundó su propio periódico, *Il Popolo d'Italia* o "El pueblo de Italia".

En su época de joven socialista, Mussolini se pronunció en contra de la guerra. Incluso fue arrestado después de que encabezó una demostración en contra de la guerra. Los socialistas creían que la guerra obligaba a los trabajadores a pelear mientras los dueños de las fábricas se hacían ricos. Pero las creencias de Mussolini acerca de la guerra cambiaron después de que comenzó la Primera Guerra Mundial en 1914. Él veía a la guerra como un "gran drama". En su periódico, animaba a Italia a que participara en la Primera Guerra Mundial. El Partido Socialista lo corrió por sus opiniones.

Italia entró a la guerra en 1915. El país luchó contra Alemania del lado de los Aliados. Mussolini sirvió en el ejército pero dejó el servicio militar en 1917 después de sufrir una herida. Los Aliados e Italia ganaron la Primera Guerra Mundial. Pero Italia recibió menos territorio del que se le había prometido. Muchos italianos se sintieron traicionados y estaban muy enojados.

Mussolini en su uniforme de la Primera Guerra →

CAPÍTULO 2

¡Revísalo!

Vuelve a leer
¿Por qué corrieron a Mussolini del Partido Socialista?

Para 1919, Mussolini había pasado del socialismo al **fascismo**. Un gobierno fascista mantiene un férreo control sobre su país, muchas veces por medio de la fuerza. No acepta ninguna oposición. Ese año, Mussolini fundó los *Fasci di Combattimento*, o grupos de combate, que luego se convirtieron en el Partido Nacional Fascista. Mussolini empezó a hacer planes para tomar posesión de Italia.

Formó un grupo de pandillas armadas llamadas Camisas negras. Los Camisas negras habían sido, en su mayoría, soldados. Atacaban violentamente a los grupos antifascistas.

En 1922, Mussolini envió a los Camisas negras a marchar en Roma en contra del rey italiano Víctor Emanuel II. Obligaron al rey a nombrar a Mussolini primer ministro, es decir, jefe del gobierno.

Los Camisas negras de Mussolini marchan en Roma.

BENITO MUSSOLINI

Mussolini dedicó los tres años siguientes a construir su poder. En 1925, se nombró dictador. El pueblo lo llamaba *Il Duce* o "El líder".

Como dictador, Mussolini declaró ilegales a todos los partidos políticos excepto el suyo. Estableció un estricto control sobre los negocios, las escuelas, los periódicos y la policía. Fue necesario volver a escribir los cuadernos de

La Propaganda de Il Duce

Pocos italianos se opusieron a Mussolini. Una de las razones fue el temor. Otra razón fue la propaganda. Mussolini aprovechó la propaganda para crear una determinada imagen de si mismo. Convenció a muchos italianos de que era un gran líder que podía convertir a Italia en una nación poderosa.

texto escolares para glorificar a Mussolini y enseñar ideas y políticas fascistas. Los Camisas negras continuaron con el acoso hasta el punto de asesinar a las personas que no estaban de acuerdo con las ideas de Mussolini.

En 1927, Mussolini estableció una fuerza de la policía secreta para espiar a las personas. Buscaban a las personas que se oponían a Mussolini y su gobierno.

CAPÍTULO 2

La vida de Mussolini

1883	1901	1909	1914	1915–1917
Nace cerca de Predappio, Italia.	Obtiene su título de maestro.	Escribe para un periódico socialista en Austria.	Es expulsado del Partido Socialista.	Lucha en la Primera Guerra Mundial.

¡ES UN HECHO!

Los Camisas negras no usaron de forma constante los métodos de asesinato que los Nazi usaron en Alemania. Pero sí tenían una forma favorita de lidiar con las personas que hablaban en contra de Mussolini. Amarraban a estas personas a los árboles. Luego, los Camisas negras los obligaban a beber una botella de aceite amargo. Por lo general, este tratamiento funcionaba y las personas no volvían a hablar más en contra.

Mussolini durante un discurso a trabajadores de una fábrica

BENITO MUSSOLINI

Mussolini estaba sediento de gloria. Planeaba convertir a Italia en un imperio mundial. Su primer paso fue conquistar Etiopía, un país africano, en 1936. Ese mismo año, formó una alianza con el dictador alemán Adolfo Hitler. Cuando comenzó la Segunda Guerra Mundial, Italia tomó parte del lado de Alemania. Pero ni el ejército ni la economía italianos estaban preparados para la guerra. Las campañas militares de Mussolini no salieron bien.

En 1943, bajo órdenes del rey de Italia, el gobierno obligó a Mussolini a dejar el poder y lo metió a la cárcel. Los alemanes rescataron a Mussolini y lo convirtieron en líder del territorio en el norte de Italia dominado por los alemanes.

En 1945, las fuerzas alemanas en Italia fueron derrotadas en la guerra. Mussolini trató de escapar a Suiza pero fue capturado por sus opositores italianos. Al día siguiente, lo mataron a tiros y lo enterraron en una tumba sin marcar.

FUENTE primaria

En una ocasión, Benito Mussolini dijo: "Este es el epitafio que quiero en mi lápida: Aquí descansa uno de los animales más inteligentes que jamás haya pisado la faz de la Tierra".

CAPÍTULO 3

José Stalin

José Stalin, como líder de la Unión Soviética, ayudó a derrotar a Adolfo Hitler en la Segunda Guerra Mundial. Stalin también ayudó a convertir a su país en una de las principales naciones industrializadas del mundo. Durante años, muchas personas en la Unión Soviética lo consideraron un gran líder.

Pero José Stalin era también un dictador brutal. Provocó la muerte de por lo menos 20 millones de personas durante los 24 años que duró su reino de terror. Su crueldad se debía a su sed de poder y el temor a sus supuestos "enemigos". Stalin utilizaba la policía secreta, la tortura, la prisión y los campos de la muerte para mantener a su pueblo en un constante terror. Eventualmente, sus métodos serían conocidos como "estalinismo".

José Stalin

Stalin nació el 21 de diciembre de 1879. Sus primeros años no fueron fáciles. Su familia tenía muy poco dinero. Su madre trabajaba como sirvienta y su padre era un alcohólico que lo golpeaba. Stalin sufrió de viruela y otras enfermedades. Una de esas enfermedades le provocó una ligera deformidad en el brazo izquierdo.

La familia de Stalin vivía en Georgia, en la parte oriental de Europa gobernada por el zar, o rey, de la vecina Rusia. Los pobladores de Georgia no tenían ninguna influencia en cómo eran gobernados. Es posible que esto haya tenido algo que ver en el resentimiento de Stalin hacia la autoridad. Durante gran parte de su vida, sintió aversión y desconfió de las personas que tenían más poder que él.

¡ES UN HECHO!

Stalin se puso diferentes nombres en distintas épocas de su vida. No fue hasta 1913 que comenzó a llamarse Stalin. Lo eligió porque significa "hombre de acero". Se quedó con este nombre el resto de su vida.

← el hogar de infancia de Stalin

CAPÍTULO 3

↑ José Stalin como un joven

La madre de Stalin era religiosa y ambiciosa. Tenía la esperanza de que su hijo se convirtiera en sacerdote. Stalin fue un buen estudiante que obtuvo una beca para ir a un seminario, o escuela de curas. Pero el resentimiento que Stalin sentía hacia la autoridad le causó problemas con sus maestros. En 1899, lo expulsaron de la escuela. Stalin nunca terminó su educación. Muchas de las personas que más tarde Stalin enviaría a la muerte eran personas preparadas.

Antes de su expulsión, Stalin y otros estudiantes se unieron a un grupo político clandestino, o secreto. Este grupo quería que Georgia se independizara de Rusia.

JOSÉ STALIN

Stalin tenía un nuevo propósito en su vida: la revolución. Una revolución es el acto de derrocar a un gobierno y sustituirlo con otro. Tanto él como sus amigos odiaban al zar de Rusia. Casi todos los que vivían bajo su reino eran pobres y carecían de educación. Stalin terminó por unirse a los bolcheviques, un grupo revolucionario. Vladimir I. Lenin era el líder de los bolcheviques. Lenin y los bolcheviques querían dirigir al pueblo para derrocar al zar.

Stalin, en su etapa de revolucionario, encabezó muchas marchas y huelgas en contra del gobierno ruso. Planeaba robos para juntar dinero para las actividades revolucionarias. Lo arrestaron y lo enviaron a la prisión en Siberia, una zona remota de Rusia.

> **¡ES UN HECHO!**
>
> Los bolcheviques fundamentaban sus acciones en las ideas del escritor alemán Karl Marx. Marx pensaba que los pobres que conformaban la clase trabajadora algún día derrocarían a los ricos que formaban la clase gobernante. Deseaba una sociedad en la que toda la riqueza se compartiera de forma equitativa y en la que no existieran diferencias de clases. Llamó a esto el **comunismo**.

el líder bolchevique, → Vladimir Lenin

En 1914, Rusia entró a la Primera Guerra Mundial para enfrentarse a Alemania. Murieron millones de soldados rusos. La escasez de alimentos en Rusia provocó una serie de levantamientos y huelgas. El enojo y descontento de las personas sirvieron de ayuda a los planes de los bolcheviques para generar una revolución rusa. En 1917, los bolcheviques derrocaron al gobierno.

Se creó un nuevo gobierno con Lenin como líder. En un principio, Stalin tuvo una posición de bajo nivel en el gobierno y desde allí empezó su ascenso. Para 1922, los bolcheviques se convirtieron en el Partido Comunista y Stalin tenía el puesto de alto nivel de Secretario General. También en 1922, Rusia se unificó con otros tres territorios y se convirtió en la Unión Soviética.

Mientras tanto, Lenin comenzó a sospechar que Stalin abusaba de su poder. Lenin escribió una carta, advirtiendo al partido que lo mejor sería remover a Stalin de su puesto. Pero Lenin murió antes de que su carta fuera conocida. En 1929, Stalin se convirtió en dictador de la Unión Soviética.

Lenin (izquierda) y Stalin en 1922 ⬇

JOSÉ STALIN

FUENTE primaria

En una ocasión Stalin dijo: "Una sola muerte es una tragedia; un millón de muertes es una estadística".

La industria de la Unión Soviética estaba muy atrasada en comparación con Europa o los Estados Unidos. Stalin odiaba este hecho. Se dedicó a desarrollar industrias, como la del acero. Puso muchos negocios soviéticos bajo el control del gobierno.

Stalin expropió las tierras de cientos de miles de campesinos y los mandó a prisión, a campos de trabajos forzados o asesinar. Convirtió esas tierras en granjas colectivas. El gobierno decidía el tipo de cultivo, los animales que podían criar, los salarios y cuánto debían entregar los campesinos y agricultores al gobierno.

Muchos agricultores desafiaron a Stalin y acabaron con los cultivos y los animales. Como consecuencia hubo escasez y hambruna. Stalin mandó asesinar a muchos de estos agricultores. Desde fines de la década de 1920 hasta principios de la década de 1930, millones de agricultores y campesinos murieron por culpa de Stalin, pero nadie se atrevió a detenerlo.

¡ES UN HECHO!

Stalin utilizó la propaganda para convencer al pueblo soviético de que era un líder valiente. Por ejemplo:

La mentira
Stalin ayudó a dirigir el levantamiento del 7 de noviembre de 1917, cuando los bolcheviques tomaron el gobierno ruso.

La verdad
Estaba tomando té con su prometida y sus padres.

CAPÍTULO 3

Stalin no confiaba ni en sus amigos más cercanos. A mediados de la década de 1930, comenzó lo que se conoce como la Gran purga. Con la ayuda de la fuerza de la policía secreta, Stalin mando asesinar o encarcelar a unos 4 millones de personas.

Es probable que algunas de las víctimas hayan sido enemigos, pero muchos eran líderes del Partido Comunista que no significaban una amenaza. Otros eran militares. Algunos eran viejos amigos. La mayoría eran ciudadanos comunes.

En 1939, Stalin se unió al dictador alemán Adolfo Hitler para invadir Polonia. Luego, Hitler rompió la sociedad e invadió la Unión Soviética en 1941. Stalin cambió de bando e hizo que la Unión Soviética entrara a la Segunda Guerra Mundial del lado de los Aliados contra los alemanes.

Stalin (izquierda), Franklin D. Roosevelt (presidente de los EE.UU.) y el primer ministro británico, Winston Churchill, se reúnen en 1943. Unieron sus fuerzas para derrocar a Alemania. ↓

La vida de Stalin

1879	1894	1898	1899	1903
Nace en Gori, Georgia.	Entra al seminario.	Se une a un grupo revolucionario clandestino.	Lo expulsan del seminario.	Es enviado a Siberia.

JOSÉ STALIN

Cuando la Segunda Guerra Mundial terminó, Stalin rompió relaciones con los países Aliados. Puso bajo control soviético a varios países de Europa oriental. Los Estados Unidos y otros países hicieron un gran esfuerzo por obstaculizar a Stalin. A este período de tensión entre las naciones democráticas y las comunistas se le conoce como la "Guerra fría". La Guerra fría no fue un enfrentamiento entre tropas y con armas. Se luchó por medio de propaganda.

En 1953, Stalin comenzó las preparaciones para otra purga, o remoción, de los líderes del Partido Comunista. Pero el 5 de marzo de 1953, murió de forma repentina y la purga nunca se llevó a cabo. La brutal carrera de Stalin había terminado, pero la Guerra fría continuó. Finalmente, a fines de la década de 1980, el comunismo en el este de Europa empezó a colapsar. En 1991, la propia Unión Soviética se dividió en 15 países independientes.

↑ Este anuncio de 1978 es un ejemplo de propaganda soviética.

1913 — Cambia su nombre a Stalin.
1929 — Se convierte en dictador.
1929 — Establece el sistema de granjas colectivas.
1935 — Comienza la Gran purga.
1953 — Muere.

Conclusión

↑ Anticomunistas queman un retrato de Stalin en 1956.

Hitler, Mussolini, y Stalin eran de origen humilde. Llegaron al poder mientras sus países estaban en crisis. Usaron la propaganda para promover su causa. Usaron la violencia y el asesinato para permanecer en el poder. Querían un poder absoluto que traspasara las fronteras de sus naciones, y aplastaron a todos los que se les opusieron.

Alemania, Italia y los países de la antigua Unión Soviética sobrevivieron la influencia de estos dictadores. Desafortunadamente, muchos países que actualmente padecen una crisis son gobernados por dictadores. En estos países, las libertades civiles como la libertad de expresión y religión no existen y todavía se asesinan a las personas por criticar las políticas del gobierno.

Glosario

Aliados — uno de los lados que participó en la Segunda Guerra Mundial, incluyendo Gran Bretaña, los Estados Unidos y la Unión Soviética (pág. 13)

campo de concentración — un enorme campo de prisioneros al que Hitler enviaba a los judíos y a otras personas (pág. 12)

comunismo — la idea de una sociedad en que la riqueza se comparte de forma igualitaria y no hay diferencia de clases (pág. 25)

depresión — un declive económico severo que provoca gran desempleo y pobreza (pág. 11)

fascismo — un sistema en que el gobierno controla toda la industria y fuerza laboral y en que no se permite ningún tipo de oposición (pág. 18)

Holocausto — el trágico período de asesinatos en masa de judíos y otras personas por órdenes de Hitler (pág. 13)

persecución — tratamiento abusivo (pág. 12)

poder absoluto — en un gobierno, el poder para tomar de forma individual todas las decisiones (pág. 2)

propaganda — comunicación diseñada para promover una causa o creencia determinada (pág. 4)

socialismo — la idea de un sistema en que el gobierno es el propietario de los negocios y las industrias y en que el pueblo comparte los bienes y servicios que se producen (pág. 14)

Índice

Aliados, 13, 17, 28–29

Camisas negras, 18–20

campos de concentración, 12–13

canciller, 6, 11, 13

comunismo, 25, 29

depresión, 11

Etiopía, 21

Europa, 3, 12, 14, 23, 27, 29

Fasci di Combattimento, 18

fascismo, 18

granjas colectivas, 27

Guerra fría, 29

Hitler, Adolfo, 2–14, 21–22, 28

Holocausto, 13

huelga, 8, 16, 25–26

Il Duce, 19

judíos, 3, 7, 9–10, 12–13

Lenin, Vladimir I., 25–26

Mein Kampf, 10

Mussolini, Benito, 3–5, 14–21

Partido nacional fascista, 18

Partido Nazi, 8–12

Partido socialista, 17

persecución, 12

poder absoluto, 2, 30

Primera Guerra Mundial, 8, 17, 26

propaganda, 4, 10, 12, 27, 29

Segunda Guerra Mundial, 12–14, 21–22, 28–29

socialismo, 14–16

Stalin, José, 3–5, 22–29

Unión Soviética, 13, 22, 26–29

Víctor Emanuel II, Rey, 18

zar, 23, 25